O inconsciente estético

"França.Br 2009" l'Année de la France au Brésil (21 avril-15 novembre) est organisée:
— *en France, par le Commissariat général français, le Ministère des Affaires Etrangères et Européennes, le Ministère de la Culture et de la Communication et Culturesfrance;*
— *au Brésil, par le Commissariat général brésilien, le Ministère de la Culture et le Ministère des Relations Extérieures.*

"França.Br 2009" Ano da França no Brasil (21 de abril a 15 de novembro) é organizado:
— na França, pelo Comissariado geral francês, pelo Ministério das Relações Exteriores e Europeias, pelo Ministério da Cultura e da Comunicação e por Culturesfrance;
— no Brasil, pelo Comissariado geral brasileiro, pelo Ministério da Cultura e pelo Ministério das Relações Exteriores.

Liberté • Égalité • Fraternité
RÉPUBLIQUE FRANÇAISE

Jacques Rancière

O inconsciente estético

Tradução de Mônica Costa Netto

editora 34

EDITORA 34

Editora 34 Ltda.
Rua Hungria, 592 Jardim Europa CEP 01455-000
São Paulo - SP Brasil Tel/Fax (11) 3811-6777 www.editora34.com.br

Copyright © Editora 34 Ltda. (edição brasileira), 2009
L'inconscient esthétique
de Jacques Rancière
Copyright © Éditions Galilée, 2001

A fotocópia de qualquer folha deste livro é ilegal e configura uma
apropriação indevida dos direitos intelectuais e patrimoniais do autor.

Capa, projeto gráfico e editoração eletrônica:
Bracher & Malta Produção Gráfica

Preparação:
Laura Rivas Gagliardi

Revisão:
Cide Piquet

1ª Edição - 2009 (4ª Reimpressão - 2021)

CIP - Brasil. Catalogação-na-Fonte
(Sindicato Nacional dos Editores de Livros, RJ, Brasil)

	Rancière, Jacques
R152i	O inconsciente estético / Jacques Rancière; tradução de Mônica Costa Netto. — São Paulo: Editora 34, 2009 (1ª Edição). 80 p.

ISBN 978-85-7326-438-8

Tradução de: L'inconscient esthétique

1. Filosofia francesa contemporânea.
2. Estética. 3. Psicanálise. I. Título.

CDD - 194

O inconsciente estético

Prólogo	9
1. O defeito de um tema	17
2. A revolução estética	25
3. As duas formas da palavra muda	33
4. De um inconsciente ao outro	43
5. As correções de Freud	51
6. Dos diversos usos do detalhe	57
7. Uma medicina contra outra	63
Sobre o autor..	79

O inconsciente estético

Prólogo

Dado o título, esclareço que não falarei, aqui, da aplicação da teoria freudiana do inconsciente ao domínio da estética.[1] Não falarei, portanto, de psicanálise da arte nem mesmo dos numerosos e significativos empréstimos que historiadores e filósofos da arte possam ter feito das teses freudianas e lacanianas em particular. Não tenho nenhuma competência para falar do ponto de vista da teoria psicanalítica. Mas, sobretudo, meu interesse é bem diverso. Não procuro saber como os conceitos freudianos se aplicam à análise e interpretação dos textos literários ou das obras plásticas. Pergunto-me, em vez disso, por que a interpretação desses textos e obras ocupa um lugar estratégico na demonstração da pertinência dos conceitos e das formas de interpretação analíticas. Não estou pensando apenas nos livros ou artigos que Freud dedicou especificamente a alguns escritores ou artistas, seja a biografia de Leonardo da Vinci, o *Moisés* de Mi-

---

[1] O presente texto resulta de duas conferências realizadas na École de Psychanalyse, em Bruxelas, em janeiro de 2000, a convite de Didier Cromphout.

chelangelo ou a *Gradiva* de Jensen. Penso também nas múltiplas referências a textos ou a personagens literários que em geral sustentam suas demonstrações, por exemplo nas múltiplas referências da *Interpretação dos sonhos,* emprestadas tanto aos grandes títulos da literatura nacional quanto às obras contemporâneas, tanto ao *Fausto* de Goethe quanto à *Safo* de Alphonse Daudet.

Encarar as coisas inversamente não significa devolver ao investigador a questão sobre seus exemplos, perguntar-lhe por que se interessa, em particular, pelo *Moisés* de Michelangelo ou por aquela pequena anotação dos *Cadernos* de Leonardo. Os profissionais da área já nos explicaram as circunstâncias da identificação do pai da psicanálise com as Tábuas da Lei ou as implicações de sua confusão entre um milhafre e um abutre. Não se tratará, aqui, de psicanalisar Freud. As figuras literárias e artísticas por ele escolhidas não me interessam porque remeteriam ao romance analítico do Fundador. Interessa-me saber a que servem de prova e o que lhes permite servir de prova. Ora, em sua ampla generalidade, essas figuras servem para provar isto: existe sentido no que parece não ter, algo de enigmático no que parece evidente, uma carga de pensamento no que parece ser um detalhe anódino. Tais figuras não são o *material* com que a interpretação analítica prova sua capacidade de interpretar as formações da cultura. Elas são os *testemunhos* da existência de certa relação do pensamento com o não-pensamento, de certa presença do pensamento na materialidade sensível, do involuntário no pensamento consciente e do sentido no insignificante. Em suma, se o médico Freud interpreta fatos "anódinos", desprezados por seus colegas positivistas, e pode fazer com que esses "exemplos" sirvam à sua demonstração, é porque eles são em si mesmos testemunhos de um determinado inconsciente. Podemos dizê-lo de outro modo: a teoria psicanalítica do inconsciente é formulável porque já existe, fora do terreno propriamente clínico, certa identificação de uma modalidade inconsciente do pensamento, e porque o terreno das obras de arte e da literatura se define como o âmbito de efetivação privilegiada desse "inconsciente". Meu questionamento será direcionado à ancoragem da teoria freudiana nessa configuração já existente do "pensamento inconsciente", nessa ideia da relação do pensamento e do não-pensamento que se formou e desenvolveu de modo predominante no terreno do que se chama estética. Tratar-se-á de pensar os estudos "estéticos" de Freud como marcas de uma inscrição do pensamento analítico da interpretação no horizonte do pensamento estético.

Este projeto pressupõe evidentemente uma explicação prévia da própria noção de estética. Para mim, estética não designa a ciência ou a disciplina que se ocupa da arte. Estética designa um modo de pensamento que se desenvolve sobre as coisas da arte e que procura dizer em que elas consistem enquanto coisas do pensamento. De modo mais fundamental, trata-se de um regime histórico específico de pensamento da arte, de uma ideia do pensamento segundo a qual as coisas da arte são coisas de pensamento. Sabemos que o uso da palavra "estética" para designar o pensamento da arte é recente. Em geral, sua genealogia remete à obra que Baumgarten publica com esse título em 1750 e à *Crítica da faculdade de julgar*, de Kant. Mas essas referências são equívocas. Com efeito, o termo "estética" no livro de Baumgarten não designa nenhuma teoria da arte. Designa o domínio do conhecimento sensível, do conhecimento claro mas ainda confuso que se opõe ao conhecimento claro e distinto da lógica. E a posição de Kant nessa genealogia é igualmente problemática. Tomando emprestado de Baumgarten o termo "estética" para designar a teoria das formas da sensibilidade, Kant recusa de fato aquilo que lhe dava seu sentido, isto é, a ideia do sensível como inteligível confuso. Para ele, não existe uma estética pensável como teoria do conhecimento confuso. E a *Crítica da faculdade de julgar* não conhece a "estética" como teoria. Ela conhece apenas o adjetivo "estético", que designa um tipo de julgamento e não um domínio de objetos. Apenas no contexto do romantismo e do idealismo pós-kantiano, através dos escritos de Schelling, dos irmãos Schlegel ou de Hegel, a estética passará a designar o pensamento da arte — não sem se fazer acompanhar, de resto, por uma insistente declaração de impropriedade do termo. É só a partir daí que, sob o nome de estética, se opera uma identificação entre o pensamento da arte — o pensamento efetuado pelas obras de arte — e certa noção de "conhecimento confuso": uma ideia nova e paradoxal, já que, ao fazer da arte o território de um pensamento presente fora de si mesmo, idêntico ao não-pensamento, ela reúne os contraditórios: o sensível como ideia confusa de Baumgarten e o sensível heterogêneo à ideia de Kant. Isto é, ela faz do "conhecimento confuso" não mais um conhecimento menor, mas propriamente *um pensamento daquilo que não pensa.*[2]

Dito de outro modo, "estética" não é um novo nome para designar o domínio da "arte". É uma configuração específica desse domínio. Ela não é a nova rubrica sob a qual se organizaria aquilo que antes concernia ao conceito geral de *poética*. Ela marca uma transformação no regime do pensamento da arte. E esse novo regime é o lugar onde se constitui uma ideia específica do pensamento. Minha hipótese é que o pensamento freudiano

---

[2] Sabe-se que um consenso hoje dominante obstina-se em lamentar que a estética tenha sido assim desviada de sua verdadeira função de crítica do juízo de gosto, tal como Kant a havia formulado, resumindo o pensamento do iluminismo. Mas só se pode desviar algo que existe. Como a estética jamais foi a teoria do juízo de gosto, o desejo de que ela volte a sê-lo expressa tão somente a ladainha comum do "retorno" a algum inencontrável paraíso pré-revolucionário do "individualismo liberal".

do inconsciente só é possível com base nesse regime do pensamento da arte e da ideia do pensamento que lhe é imanente. Ou ainda, o pensamento freudiano, para além de qualquer classicismo das referências artísticas de Freud, só se torna possível com base na revolução que opera a passagem do domínio das artes do reino da poética para o da estética.

Gostaria de explicitar e justificar essas proposições mostrando como alguns objetos e modos de interpretação privilegiados pela teoria freudiana estão ligados à mudança de estatuto desses objetos na configuração *estética* do pensamento da arte. Para isso, tomarei como ponto de partida o personagem poético central na elaboração da psicanálise, isto é, Édipo. Na *Interpretação dos sonhos*, Freud explica que existe um "material lendário" cuja eficácia dramática universal repousa em sua conformidade universal com os dados da psicologia infantil. Esse material é o mito de Édipo e o drama homônimo de Sófocles.[3] Uma universalidade do esquema dramático edipiano é portanto postulada por Freud sob um duplo aspecto: como explicitação dos desejos infantis uni-

---

[3] Sigmund Freud, *L'interprétation des rêves* [1900], tradução de Ignace Meyerson, Paris, PUF, 1967, pp. 227-8 [ed. bras.: *A interpretação dos sonhos*, in *Obras psicológicas completas de Sigmund Freud*, ed. Standard, tradução de Walderedo Ismael de Oliveira, Rio de Janeiro, Imago, 1996, vols. IV e V].

versais e universalmente reprimidos, e também como forma exemplar de revelação de um segredo oculto. A revelação progressiva e conduzida com arte em *Édipo Rei* é comparável, nos diz ele, ao trabalho de uma cura psicanalítica. Assim, na mesma afirmação de universalidade são englobadas três coisas: uma tendência geral do psiquismo humano, um material ficcional determinado e um esquema dramático considerado exemplar. Coloca-se pois a questão: o que permite a Freud afirmar essa adequação e fazer dela o cerne de sua demonstração? Ou, numa outra formulação: em que consiste essa eficácia dramática universal da história edipiana e o esquema de revelação desenvolvido por Sófocles? Colocarei essa questão com a ajuda de um exemplo, que me será fornecido pela difícil experiência de um dramaturgo candidato à exploração dessa matéria de êxito.

1.
O defeito de um tema[4]

Em 1659, Corneille recebe a encomenda de uma tragédia para as festas de carnaval. Para o dramaturgo, ausente do palco há sete anos, desde o estrondoso fiasco de *Pertharite*, é a oportunidade de voltar à cena. Não pode permitir-se um novo fracasso e tem apenas dois meses para escrever sua tragédia. Assim, para otimizar suas chances de êxito, recorre ao tema trágico por excelência, já tratado por modelos ilustres, que ele precisaria apenas "traduzir" e adaptar para o contexto francês. Decide, então, fazer um *Édipo*. Ora, esse tema de ouro logo revela conter uma armadilha. E, para obter o sucesso almejado, Corneille terá de renunciar à simples transposição de Sófocles e remodelar totalmente o esquema de revelação da culpabilidade de Édipo, a fim de suprimir aquilo que o torna impraticável.

---

[4] O título deste capítulo, no original *Le défaut d'un sujet*, introduz uma dificuldade de tradução que permeia a reflexão que se segue. Trata-se da ambiguidade fundamental do termo *sujet*, que, além de sujeito, significa também assunto, objeto, argumento, tema. (N. da T.)

"Dei-me conta de que aquilo que havia passado por miraculoso naqueles séculos distantes poderia parecer horrível ao nosso, e de que essa eloquente e curiosa descrição do modo como o infeliz príncipe fura os próprios olhos, e o espetáculo desses olhos furados por onde o sangue lhe jorra à face, que ocupa todo o quinto ato nesses incomparáveis originais, abalariam a delicadeza de nossas damas, as que compõem a mais bela parte de nossa audiência e cuja desaprovação atrai facilmente a censura daqueles que as acompanham, e de que, enfim, como o amor não faz parte deste tema e as mulheres dele não fazem emprego, ele se encontrava despido dos principais ornamentos que de costume nos rendem o comentário do público."[5]

Os problemas, como se pode perceber, não vêm do dado incestuoso. Vêm de sua ficcionalização, do esquema de revelação e da fisicalidade teatral do desenlace. Ao todo, três pontos tornam impossível a mera transposição inicialmente planejada. Ao horror dos olhos furados de

---

[5] Corneille, *Oeuvres complètes*, Paris, Gallimard, Bibliothèque de la Pléiade, 1987, t. III, p. 18.

Édipo e à ausência de interesse amoroso acrescenta-se, com efeito, o abuso de oráculos: estes deixam transparecer demais a chave do enigma e tornam pouco verossímil a cegueira do decifrador de enigmas.

Resumindo, o esquema sofocliano da revelação falha ao fazer ver demais o que deveria ser apenas dito, e ao fazer saber cedo demais o que deveria permanecer ignorado. Corneille, portanto, precisa corrigir esses defeitos. Para não ferir a sensibilidade das damas, ele deixa fora de cena os olhos furados de Édipo. Mas também deixa de fora Tirésias. Suprime o afrontamento verbal, nuclear em Sófocles, no qual aquele que sabe não quer dizer — e assim mesmo fala —, enquanto aquele que quer saber se recusa a ouvir as palavras que revelam a verdade procurada. Corneille substitui esse jogo de esconde-esconde do investigador culpado com a verdade, evidente demais para o espectador, por uma intriga moderna, uma intriga cheia de paixões e interesses conflitantes que provocam a indecisão quanto à identidade do culpado. É para isso que serve a história de amor, ausente em Sófocles. Corneille dá a Édipo uma irmã, Dirce, destituída por ele do trono que lhe pertencia. E dá a Dirce um amante, Teseu. Como Dirce se sente responsável pela viagem que custou a vida do pai, e Teseu tem dúvidas quanto à sua origem, ou finge tê-las para proteger sua amada, pode-se contar, assim, com três interpretações possíveis do oráculo, três eventuais culpados. A história de amor administra o suspense administrando a distribuição do saber e a incerteza quanto ao desenlace.

Sessenta anos mais tarde, outro dramaturgo encontrará o mesmo problema e o resolverá da mesma forma. Para sua estreia na carreira dramática o jovem Voltaire, então com vinte anos, também escolheu o tema de Édipo. E, contrapondo-se a Sófocles ainda mais abertamente do que Corneille, denunciou as "inverossimilhanças" da intriga de *Édipo Rei*. É inverossímil que Édipo ignore as circunstâncias da morte de seu predecessor Laios. Inverossímil que não ouça o que lhe diz Tirésias e que insulte como mentiroso a quem mandou chamar como venerável profeta. A conclusão se impõe, radical: "É um defeito do tema, diz-se, e não do autor. Como se não fosse da competência do autor corrigir seu tema quando este é defeituoso!".[6] Assim, Voltaire, por sua vez, corrige o tema encontrando outro candidato para o assassino de Laios: Filocteto, menino outrora abandonado, louco de amor por Jocasta, desaparecido de Tebas justo na época do assassinato e para lá retornando, oportunamente, quando se está à procura de um culpado.

"Um tema defeituoso", assim parece na idade clássica, na idade da representação, o funcionamento da

---

[6] Voltaire, *Lettres sur Oedipe*, in *Oeuvres complètes*, Paris, Garnier, 1877, t. III, p. 20.

"psicanálise" sofocliana. E o defeito, repetimos, não se encontra na história de incesto. Não se pode alegar as dificuldades de Corneille e de Voltaire para adaptar Sófocles contra a universalidade do complexo de Édipo. Em compensação, elas colocam em dúvida a universalidade da "psicanálise" edipiana, isto é, do roteiro sofocliano de revelação do segredo. Na perspectiva deles, o roteiro estabelece uma relação defeituosa entre o que é visto e o que é dito, entre o que é dito e o que é ouvido. Ele mostra demais ao espectador. E tal excesso não diz respeito apenas ao espetáculo desagradável dos olhos furados. De forma mais geral, diz respeito à marca do pensamento sobre os corpos. E, sobretudo, faz com que se ouça demais. Contrariamente à afirmação de Freud, não é um bom suspense, uma boa progressão dramática quanto ao desvelamento da verdade para o herói e para o espectador. Mas então o que é que compromete essa racionalidade dramática? A resposta é indubitável: é o "tema",[7] o próprio personagem de Édipo. É essa fúria que o leva a querer saber a qualquer preço, contra todos e contra si mesmo, e, ao mesmo tempo, a não ouvir a palavra mal encoberta que lhe oferece a verdade que ele reclama. Aí está o cerne do problema: não só a "delicadeza" das damas é abalada por esse louco pelo saber que

---

[7] No original: *le "sujet"*. Ver nota 4. (N. da T.)

acaba com os olhos furados, mas propriamente a ordem do sistema representativo que rege a criação dramática.

A ordem da representação significa essencialmente duas coisas. Em primeiro lugar, uma determinada ordem das relações entre o dizível e o visível. Nessa ordem, a palavra tem como essência o fazer ver. Mas ela o faz segundo o regime de uma dupla retenção. Por um lado, a função de manifestação visível retém o poder da palavra. Esta manifesta sentimentos e vontades, em vez de falar por si mesma, como a palavra de Tirésias — assim como a de Ésquilo ou a de Sófocles —, sob a forma de oráculo ou de enigma. Por outro lado, ela retém a potência do próprio visível. A palavra institui uma determinada visibilidade. Manifesta o que está escondido nas almas, conta e descreve o que está longe dos olhos. Mas, assim, retém sob seu comando o visível que ela manifesta, impedindo-o de mostrar por si mesmo, de mostrar o que dispensa palavras, o horror dos olhos furados.

A ordem da representação, em segundo lugar, é uma determinada ordem das relações entre o saber e a ação. O drama, diz Aristóteles, é ordenação de ações. Na base do drama, há personagens perseguindo certos objetivos, em condições de ignorância parcial, cujo desenlace se dará no decurso da ação. Dessa forma, exclui-se precisamente o fundamental da performance edipiana, o *pathos* do saber: a obstinação maníaca por saber o que é melhor não saber, o furor que impede de ouvir, a recusa de reconhecer a verdade na forma em que ela se apresenta, a catástrofe do saber insuportável, do saber que obriga a subtrair-se ao mundo do visível. A tragédia de Sófocles é feita desse *pathos*. E é ele que o próprio Aristóteles já não consegue mais entender, recalcando-o atrás da teoria da ação dramática, que faz advir o saber segundo a engenhosa maquinaria da peripécia e do reconhecimento. É ele, enfim, que faz de Édipo, na idade clássica, um herói impossível, salvo com correções radicais. Impossível não porque mata o pai e se deita com a mãe, mas pelo modo como aprende, pela identidade que encarna nesse aprendizado, a identidade trágica do saber e do não-saber, da ação voluntária e do *pathos* sofrido.

2.
A revolução estética

É, portanto, todo um regime de pensamento do poema que recusa o roteiro edipiano. Mas a formulação pode ser invertida. Para que o privilégio desse roteiro seja enunciável, é preciso que seja revogado esse regime de pensamento das artes, esse regime representativo que também implica uma determinada ideia de pensamento: o pensamento como ação que se impõe a uma matéria passiva. E o que chamei há pouco de revolução estética é exatamente isso: a abolição de um conjunto ordenado de relações entre o visível e o dizível, o saber e a ação, a atividade e a passividade. Dito de outro modo: para que Édipo seja o herói da revolução psicanalítica, é preciso um novo Édipo, que invalide aqueles de Corneille e de Voltaire e que pretenda reatar — para além da tragédia à francesa, bem como da racionalização aristotélica da ação trágica — com o pensamento trágico de Sófocles. São necessários um novo Édipo e uma nova ideia da tragédia, tais como propuseram Hölderlin, Hegel ou Nietzsche.

Dois traços vão caracterizar esse novo Édipo e fazer dele o herói de uma "nova" ideia do pensamento que pretende reatar com aquela testemunhada pela tragédia grega. Édipo, para começar, é testemunha de certa selvageria existencial do pensamento, na qual o saber se define não como o ato subjetivo de apreensão de uma idealidade objetiva, mas como um determinado afeto, uma paixão, ou mesmo uma enfermidade do vivente. O próprio saber constitui um crime contra a natureza: eis, segundo *O nascimento da tragédia*, o significado da história edipiana.[8] Édipo e a tragédia dão testemunho de que, em matéria de pensamento, é sempre de doença e de medicina que se trata, da união paradoxal das duas. Essa nova encenação filosófica da equivalência trágica entre saber e sofrimento (o *mathos pathei* de Ésquilo ou de Sófocles) pressupõe que seja reunida a grande trilogia dos doentes do saber: Édipo e Hamlet — que dialogam na *Interpretação dos sonhos,* como já o faziam nos *Cursos de estética* de Hegel — e Fausto, que também está presente aí. A psicanálise é inventada nesse ponto em que filosofia e medicina se colocam reciprocamente em causa para fazer do pensamento uma questão de doença e da doença uma questão de pensamento.

---

[8] Friedrich Nietzsche, *La naissance de la tragédie* [1872], Paris, Gallimard, 1977, pp. 78-9 [ed. bras.: *O nascimento da tragédia*, tradução de Jacó Guinsburg, São Paulo, Companhia das Letras, 1992].

Mas essa solidariedade das coisas do pensamento e das coisas da doença é ela mesma solidária do novo regime de pensamento das produções da arte. Se Édipo é um herói exemplar, é porque sua figura ficcional emblematiza as propriedades que a revolução estética atribui a essas produções. Édipo é aquele que sabe e não sabe, que age absolutamente e que padece absolutamente. Ora, é precisamente através dessa identidade de contrários que a revolução estética define o próprio da arte. À primeira vista, ela parece apenas opor às normas do regime representativo uma potência absoluta do *fazer*. A obra resulta de sua própria lei de produção e é prova suficiente de si mesma. Mas, ao mesmo tempo, essa produção incondicionada se identifica com uma absoluta passividade. O gênio kantiano resume essa dualidade. Ele é o poder ativo da natureza que opõe sua própria potência a qualquer modelo, a qualquer norma, ou melhor, que se faz norma. Mas, ao mesmo tempo, ele é aquele que não sabe o que faz, que é incapaz de prestar contas.

No regime estético, essa identidade de um saber e de um não-saber, de um agir e de um padecer, que radicaliza em identidade de contrários a "claridade confusa" de Baumgarten, constitui-se no próprio modo de ser da arte. Nesse sentido, a revolução estética já havia começado no século XVIII quando Vico, em sua *Ciência nova*, se dispusera a estabelecer, contra Aristóteles e a tradição representativa, o que ele denominava a figura do "verdadeiro Homero". Vale a pena rememorar o contexto para esclarecer a filiação que nos interessa. Pois o alvo principal de Vico não é bem a "teoria da arte", mas o velho problema teológico-poético da "sabedoria dos egípcios": saber se a linguagem dos hieróglifos é uma linguagem críptica, depositária de um pensamento religioso vedado ao profano e se, da mesma forma, as antigas fábulas poéticas são a expressão alegórica de um pensamento filosófico. Esse velho problema vem, pelo menos, desde Platão. Denunciando a imoralidade das fábulas homéricas, Platão de fato refutava aqueles que enxergavam alegorias cosmológicas nos adultérios divinos por elas narrados. O problema ressurge na época protocristã, quando autores pagãos, para refutar a acusação de idolatria, mais uma vez se valem da sabedoria críptica presente nas escritas ideogramáticas e nas fábulas dos poetas. Retorna com força nos séculos XVII e XVIII, suscitado ao mesmo tempo pelos desenvolvimentos dos métodos exegéticos e pela querela filosófica sobre a origem da linguagem. Vico inscreve-se nesse contexto e dispõe-se a dar um duplo golpe. Ele propõe liquidar a ideia de uma sabedoria misteriosa oculta nas escritas imagéticas e nas fábulas poéticas. Contrapõe-lhe uma nova hermenêutica que relaciona a imagem não a um sentido oculto, mas às condições de sua produção. Todavia, com o mesmo golpe, ele arruína também a imagem tradicional do poeta como inventor de fábulas, personagens e imagens. Sua descoberta do "verdadeiro Homero" refuta em quatro pontos a imagem aristotélica e representativa do poeta como inventor de fábulas, caracteres, imagens e ritmos. Para começar, demonstra Vico, Homero não é um inventor de fábulas. Pois ele não conhecia nossa diferença entre história e ficção. Suas supostas fábulas, para ele, eram a história, que ele transmitia tal como a recebera. Em segundo lugar, Homero não é um inventor de tipos de caráter. Seus supostos caracteres — Aquiles, o valente, Ulisses, o astuto, Nestor, o sábio — não são caracteres individualizados. Também não são alegorias inventadas com fins poéticos. São abstrações em imagens, o único modo pelo qual um pensamento, igualmente incapaz de abstrair e de individualizar, pode figurar virtudes — coragem, inteligência, sabedoria ou justiça — que não consegue conceber nem denominar como tais. Em terceiro lugar, ele não é o inventor de belas metáforas e de imagens brilhantes que se tem celebrado. Simplesmente vivia num tempo em que o pensamento não se separava da imagem, tampouco o abstrato do concreto. Suas "imagens" não são nada mais que o modo de falar dos povos de seu tempo. Por fim, ele não é um inventor de ritmos e metros. Ele é apenas testemunha de um estado da linguagem em que a palavra era idêntica ao canto. Os homens, com efeito, cantaram antes de falar, antes de passar para a linguagem articulada. Os encantos poéticos da palavra cantada são, na realidade, os balbucios da infância da linguagem, da qual testemunham ainda hoje os surdos-mudos. Assim, os quatro privilégios tradicionais do poeta-inventor são transformados em propriedades de sua linguagem, de uma linguagem que é sua na medida em que não lhe pertence, em que não se constitui num instrumento à sua disposição, mas no testemunho de um estado de infância da linguagem, do pensamento e da humanidade. Homero é poeta graças à identidade do que ele quer e do que não quer, daquilo que sabe e daquilo que ignora, do que faz e do que não faz. O fato poético está ligado a essa identidade de contrários, a essa distância entre uma palavra e aquilo que ela diz. Há solidariedade entre o caráter poético da linguagem e seu caráter cifrado. Mas essa cifragem não dissimula nenhuma ciência secreta. Ela não é, enfim, nada mais que a inscrição do processo mesmo pelo qual essa palavra é produzida.

A figura de Édipo, como tema trágico exemplar e universalmente válido, tem como antecedente essa figura hermenêutica do "verdadeiro Homero". Ela pressupõe um regime de pensamento da arte em que o próprio da arte é ser a identidade de um procedimento consciente e de uma produção inconsciente, de uma ação voluntária e de um processo involuntário, em suma, a identidade de um *logos* e de um *pathos*. E é essa identidade que doravante dá testemunho do fato da arte. Tal identidade, porém, pode ser pensada de duas formas opostas:

como imanência do *logos* no *pathos*, do pensamento no não-pensamento, ou, inversamente, como imanência do *pathos* no *logos*, do não-pensamento no pensamento. A primeira forma é ilustrada pelos grandes textos fundadores do modo estético do pensamento e é melhor resumida nos *Cursos de estética* de Hegel. Aí, a arte, em termos schellingnianos, é a odisseia de um espírito fora de si mesmo. Esse espírito, na sistematização hegeliana, procura se manifestar, ou melhor, tornar-se manifesto para si mesmo, através da matéria que lhe é oposta: na compacidade da pedra erguida ou esculpida, na espessura da cor ou na materialidade temporal ou sonora da linguagem. Ele busca a si mesmo na dupla exterioridade sensível da matéria e da imagem. Se procura e se perde. Mas, nesse jogo de esconde-esconde, ele se torna a luz interior da materialidade sensível, a bela aparência do deus de pedra, elã arborescente da abóbada e da flecha góticas, ou o brilho espiritual que anima a insignificância da natureza morta. A essa odisseia contrapõe-se o modelo inverso, que volta da bela aparência estética e racional para o fundo obscuro e "pático".[9] Trata-se do movimento que, em Schopenhauer, retorna das aparências e da bela ordem causal do mundo da representação para o mundo obscuro, subterrâneo e desprovido de sentido

---

[9] No original: *pathique*; para evitar *pathétique*, patético. (N. da T.)

da coisa em si: o mundo do querer-viver nu, insensato, dessa "vontade", paradoxalmente assim chamada, já que sua essência é precisamente não querer nada, recusar o modelo da escolha de fins e da adaptação dos meios aos fins que confere a essa noção seu significado usual. Trata-se, em Nietzsche, da identificação do próprio fato da arte à polaridade da bela aparência apolínea e dessa pulsão dionisíaca, ao mesmo tempo de alegria e de sofrimento, que vem à tona nas formas mesmas que pretendem negá-la.

3.
As duas formas da palavra muda

O nascimento da psicanálise se inscreve historicamente no cerne desse contramovimento cujos heróis filosóficos são Schopenhauer e o jovem Nietzsche e que reina na literatura que, de Zola a Maupassant, Ibsen ou Strindberg, mergulha no puro sem-sentido da vida bruta ou no encontro com as forças das trevas. Mas não se trata apenas da influência de ideias e de temas de uma época, trata-se propriamente de uma posição no interior do sistema de possíveis definido por uma determinada ideia de pensamento e uma determinada ideia de escrita. Pois a revolução silenciosa denominada estética abre espaço para elaboração de uma ideia de pensamento e de uma ideia correspondente de escrita. Essa ideia de pensamento repousa sobre uma afirmação fundamental: existe pensamento que não pensa, pensamento operando não apenas no elemento estranho do não-pensamento, mas na própria forma do não-pensamento. Inversamente, existe não-pensamento que habita o pensamento e lhe dá uma potência específica. Esse não-pensamento não é só uma forma de ausência do pensamento, é uma presença eficaz de seu oposto. Há, portanto, sob um ou outro aspecto, uma identidade entre o pensamento e o não-pensamento, a qual é dotada de uma potência específica. A essa ideia de pensamento corresponde uma ideia de escrita. Escrita não quer dizer simplesmente uma forma de manifestação da palavra. Quer dizer uma ideia da própria palavra e de sua potência intrínseca. Em Platão, sabe-se que a escrita não é simplesmente a materialidade do signo escrito sobre um suporte material, mas um estatuto específico da palavra. Para ele, a escrita é o *logos* mudo, a palavra que não pode nem dizer de outro modo o que diz, nem parar de falar: nem dar conta do que profere, nem discernir aqueles aos quais convém ou não convém ser endereçada. A essa palavra, ao mesmo tempo muda e tagarela, opõe-se uma palavra em ato, uma palavra guiada por um significado a ser transmitido e um efeito a ser assegurado. Em Platão, é a palavra do mestre que sabe ao mesmo tempo explicitar sua palavra e reservá-la, subtraí-la aos profanos e depositá-la como uma semente na alma daqueles em quem ela pode frutificar. Na ordem representativa clássica, essa "palavra viva" é identificada à grande palavra que se faz ato: a palavra viva do orador que perturba e persuade, edifica e arrebata as almas ou os corpos. É também, concebida sobre seu modelo, a palavra do herói trágico que vai até o fim de suas vontades e paixões.

À palavra viva que regulava a ordem representativa, a revolução estética opõe o modo da palavra que lhe corresponde, o modo contraditório de uma palavra que ao mesmo tempo fala e se cala, que sabe e não sabe o que diz. Ou seja, a escrita. Mas ela o faz segundo duas grandes figuras que correspondem às duas formas opostas da relação entre pensamento e não-pensamento. E a polaridade dessas figuras descreve o espaço de um mesmo domínio, o da palavra literária como palavra do sintoma.[10]

A escrita muda, num primeiro sentido, é a palavra que as coisas mudas carregam elas mesmas. É a potência de significação inscrita em seus corpos, e que resume o "tudo fala" de Novalis, o poeta mineralogista. Tudo é rastro, vestígio ou fóssil. Toda forma sensível, desde a pedra ou a concha, é falante. Cada uma traz consigo, inscritas em estrias e volutas, as marcas de sua história e os signos de sua destinação. A escrita literária se estabelece, assim, como decifração e reescrita dos signos de história escritos nas coisas. É essa nova ideia de escrita que Balzac resume e exalta no início de *A pele de onagro*,[11] nas páginas decisivas que descrevem a loja do antiquário

---

[10] Cf. Jacques Rancière, *La parole muette: essai sur les contradictions de la littérature*, Paris, Hachette, 1998.

[11] Honoré de Balzac, *La peau de chagrin* [1831], Paris, Gallimard/Folio, 1974, p. 47 [ed. bras.: *A pele de onagro*, *in A comédia humana*, tradução de Gomes da Silveira, vol. XV, Rio de Janeiro, Globo, 1999].

como emblema de uma nova mitologia, de um fantástico feito exclusivamente da acumulação das ruínas do consumo. O grande poeta dos novos tempos não é Byron, o repórter das desordens da alma. É Cuvier, o geólogo, o naturalista, que reconstitui populações animais a partir de ossos, e florestas a partir de impressões fossilizadas. Com ele, define-se uma nova ideia de artista. O artista é aquele que viaja nos labirintos ou nos subsolos do mundo social. Ele recolhe os vestígios e transcreve os hieróglifos pintados na configuração mesma das coisas obscuras ou triviais. Devolve aos detalhes insignificantes da prosa do mundo sua dupla potência poética e significante. Na topografia de um lugar ou na fisionomia de uma fachada, na forma ou no desgaste de uma vestimenta, no caos de uma exposição de mercadorias ou de detritos, ele reconhece os elementos de uma mitologia. E, nas figuras dessa mitologia, ele dá a conhecer a história verdadeira de uma sociedade, de um tempo, de uma coletividade; faz pressentir o destino de um indivíduo ou de um povo. *Tudo fala*, isso quer dizer também que as hierarquias da ordem representativa foram abolidas. A grande regra freudiana de que não existem "detalhes" desprezíveis, de que, ao contrário, são esses detalhes que nos colocam no caminho da verdade, se inscreve na continuidade direta da revolução estética. Não existem temas nobres e temas vulgares, muito menos episódios narrativos importantes e episódios descritivos acessórios.

Não existe episódio, descrição ou frase que não carregue em si a potência da obra. Porque não há coisa alguma que não carregue em si a potência da linguagem. Tudo está em pé de igualdade, tudo é igualmente importante, igualmente significativo. Assim, o narrador de *La maison du chat qui pelote* nos instala diante da fachada de uma casa cujas aberturas assimétricas, recortes e saliências caóticos formam um tecido de hieróglifos no qual se pode decifrar a história da casa — a história da sociedade da qual ela é testemunha — e o destino dos personagens que nela habitam.[12] Ou, ainda, o romancista de *Os miseráveis* nos mergulha num esgoto que diz tudo, como um filósofo cínico, e reúne em pé de igualdade tudo aquilo que a civilização utiliza e rejeita, suas máscaras e insígnias, bem como seus utensílios cotidianos. O novo poeta, o poeta geólogo ou arqueólogo, num certo sentido, faz o que fará o cientista de *A interpretação dos sonhos*. Ele afirma que não existe o insignificante, que os detalhes prosaicos que um pensamento positivista despreza ou remete a uma simples racionalidade fisiológica são os signos em que se cifra uma história. Mas afirma também a condição paradoxal dessa hermenêutica: para que o banal entregue seu segredo, ele deve primeiro ser mitolo-

---

[12] Cf. Honoré de Balzac, *La maison du chat qui pelote* (1830). Ed. bras.: *Ao "chat-qui-pelote"*, tradução de Vidal de Oliveira, *in op. cit.*, vol. I, p. 77. (N. da T.)

gizado. A casa ou o esgoto falam, trazem consigo rastros do verdadeiro, como farão o sonho ou o ato falho — mas também a mercadoria marxiana —, desde que sejam primeiro transformados em elementos de uma mitologia ou de uma fantasmagoria.

O escritor é o geólogo ou o arqueólogo que viaja pelos labirintos do mundo social e, mais tarde, pelos labirintos do eu. Ele recolhe os vestígios, exuma os fósseis, transcreve os signos que dão testemunho de um mundo e escrevem uma história. A escrita muda das coisas revela, na sua prosa, a verdade de uma civilização ou de um tempo, verdade que recobre a cena outrora gloriosa da "palavra viva". Esta, agora, não é mais do que a vã cena oratória, o discurso da superfície e de suas agitações. Mas ao mesmo tempo o hermeneuta é também um médico, um sintomatologista que diagnostica os males de que padecem o indivíduo empreendedor e a sociedade brilhante. O naturalista e geólogo Balzac é também o médico que detecta a doença no âmago da atividade intensa de indivíduos e sociedades, a doença idêntica a essa intensidade. Em sua obra, ela recebe o nome de *vontade*. É a doença do pensamento que quer se transfórmar em realidade e leva à destruição indivíduos e sociedades. Fiz alusão a isso anteriormente: a história da literatura no século XIX é a história das transformações dessa "vontade". No período naturalista e simbolista, ela se tornará destino impessoal, hereditariedade passiva, cumprimento de um querer-viver destituído de razão, ataque às ilusões da consciência pelo mundo das forças obscuras. A sintomatologia literária mudará então de estatuto nessa literatura das patologias do pensamento, centrada na histeria, no "nervosismo" ou no peso do passado, nessas novas dramaturgias do segredo velado, em que se revela, através de histórias individuais, o segredo mais profundo da hereditariedade e da raça e, em última instância, do fato bruto e insensato da vida.

Assim, essa literatura se vincula à outra identidade do *logos* e do *pathos* de que eu falava há pouco, aquela que vai, ao contrário da primeira, do claro ao obscuro e do *logos* ao *pathos*, isto é, à pura dor de existir e à pura reprodução do sem-sentido da vida. Ela aciona também uma outra forma da palavra muda, que já não é mais o hieróglifo inscrito diretamente nos corpos e submetido a uma decifração. É a palavra solilóquio, aquela que não fala a ninguém e não diz nada, a não ser as condições impessoais, inconscientes, da própria palavra. Foi Maeterlinck quem, na época de Freud, teorizou com maior empenho sobre essa segunda forma da palavra muda, do discurso inconsciente, ao analisar nos dramas de Ibsen o "diálogo de segundo grau". Este não mais expressa os pensamentos, sentimentos e intenções dos personagens, mas o pensamento do "terceiro personagem" que ronda o diálogo, o confronto com o Desconhecido, com as potências anônimas e insensatas da vida. A "linguagem da tragédia imóvel" transcreve "os gestos inconscientes do ser que passam suas mãos luminosas através das ameias da muralha artificial onde estamos presos", os golpes da "mão que não nos pertence e que bate às portas do instinto".[13] Não se podem abrir essas portas, diz em substância Maeterlinck, mas podem-se ouvir os "golpes atrás da porta". Pode-se fazer do poema dramático, outrora dedicado à "ordenação de ações", a linguagem desses golpes, a palavra da multidão invisível que ronda nossos pensamentos. Talvez seja preciso apenas, para encarnar essa palavra no palco, um novo corpo: não mais o corpo humano do ator/personagem, mas o de um ser que "tivesse a aparência da vida sem ter vida", um corpo de sombra ou de cera ajustado a essa voz múltipla e anônima.[14] E disso ele extrai a ideia de um teatro de androides que faz comunicar o devaneio romanesco de Villiers de L'Isle-Adam com o futuro do teatro: a supermarionete

---

[13] Maurice Maeterlinck, "Menus propos: le théâtre (un théâtre d'androïdes)" [1890], *in Introduction à une psychologie des songes et autres écrits*, Bruxelas, Labor, 1985, p. 83, e "Le tragique quotidien" *in Le trésor des humbles* [1913], Bruxelas, Labor, 1986, pp. 99-110. Naturalmente, não ignoro que Maeterlinck, por sua vez, tem como referência Emerson e a tradição mística, e não o "niilismo" shopenhaueriano. Mas o que me interessa aqui — e que, de resto, provoca a confusão das duas tradições — é esse mesmo estatuto da palavra surda, expressão de um "querer" inconsciente do ser.

[14] Maeterlinck, "Menus propos", *in op. cit.*, p. 87.

de Edward Gordon Craig ou o teatro da morte de Tadeusz Kantor.

O inconsciente estético, consubstancial ao regime estético da arte, se manifesta na polaridade dessa dupla cena da palavra muda: de um lado, a palavra escrita nos corpos, que deve ser restituída à sua significação linguageira por um trabalho de decifração e de reescrita; do outro, a palavra surda de uma potência sem nome que permanece por trás de toda consciência e de todo significado, e à qual é preciso dar uma voz e um corpo, mesmo que essa voz anônima e esse corpo fantasmagórico arrastem o sujeito humano para o caminho da grande renúncia, para o nada da vontade cuja sombra schopenhaueriana pesa com toda força sobre essa literatura do inconsciente.

4.
De um inconsciente ao outro

Torno a dizer: não pretendo, ao esboçar em traços largos a figura literária e filosófica do inconsciente estético, estabelecer uma genealogia do inconsciente freudiano que assumisse esses traços. Não se trata de esquecer o contexto médico e científico no qual se elabora a psicanálise, nem de dissolver o conceito freudiano de inconsciente, a economia das pulsões e os estudos das formações do inconsciente em uma ideia secular do saber que não sabe e do pensamento que não pensa. Tampouco quero virar o jogo, mostrando como, sem sabê-lo, o inconsciente freudiano é dependente da literatura e da arte, cujos segredos ele pretende desvendar. Trata-se, antes de mais nada, de assinalar as relações de cumplicidade e de conflito que se estabelecem entre o inconsciente estético e o inconsciente freudiano. Podemos definir a implicação do encontro entre esses dois inconscientes, em primeiro lugar, a partir de indicações do próprio Freud, a partir do contexto da invenção psicanalítica tal como ele a esboça na *Interpretação dos sonhos*. Nesta obra, a psicanálise é contraposta a uma determinada ideia de ciência, a da medicina positivista, que trata as esquisitices da mente adormecida como dados negligenciáveis ou as atribui a causas materiais identificáveis. Contra esse positivismo, Freud incita o psicanalista a fazer aliança com a crença popular, com o velho acervo mitológico do significado dos sonhos. Mas, de fato, é uma outra aliança que se tece através da *Interpretação dos sonhos*, e que se explicitará no livro sobre a *Gradiva*: uma aliança com Goethe ou Schiller, Sófocles ou Shakespeare, ou outros escritores menos prestigiados e mais próximos como Popper-Lynkeus ou Alphonse Daudet. E não só porque Freud lança, contra a autoridade dos mestres da ciência, a dos grandes nomes da cultura. Mais profundamente, esses grandes nomes são guias na viagem pelo Aqueronte empreendida pela nova ciência. Mas, se eles o são, é precisamente porque o espaço entre a ciência positiva e a crença popular ou o acervo lendário não está vazio. Tal espaço é o domínio desse inconsciente estético que redefiniu as coisas da arte como modos específicos de união entre o pensamento que pensa e o pensamento que não pensa. Ele é ocupado pela literatura da viagem pelas profundezas, da explicitação dos signos mudos e da transcrição das palavras surdas. Essa literatura já havia vinculado a prática poética de exibição e explicitação dos signos a uma determinada ideia de civilização, de suas aparências brilhantes e de suas profundezas obscuras, das suas doenças e das medicinas que lhes são apropriadas. E essa ideia vai bem além do interesse do romance naturalista pelas figuras histéricas e pelas síndromes degenerativas. A elaboração de uma nova medicina e de uma nova ciência da *psyche* é possível porque existe todo esse domínio do pensamento e da escrita que se estende entre a ciência e a superstição. No entanto, precisamente, a própria consistência dessa cena semiológica e sintomatológica impede qualquer tática de simples aliança interessada entre Freud e os escritores ou artistas. A literatura a que Freud recorreu tem sua própria ideia de inconsciente, sua própria ideia de *pathos* do pensamento, das doenças e das medicinas da civilização. Não pode haver aí, portanto, utilização pragmática e tampouco continuidade inconsciente. O domínio do pensamento que não pensa não é um reino do qual Freud seria apenas o explorador em busca de companheiros e aliados. É um território já ocupado, onde um inconsciente entra em concorrência e em conflito com um outro.

Para compreender essa dupla relação, é preciso retornar à questão em sua generalidade: o que Freud tem a fazer "na" história da arte? A própria questão é dupla. O que leva Freud a se fazer historiador ou analista da arte? O que está em questão nas consistentes análises que ele dedica a Leonardo, ao *Moisés* de Michelangelo ou à *Gradiva* de Jensen, ou em suas observações mais rápidas sobre "O homem de areia" de Hoffmann ou sobre *Rosmersholm*, de Ibsen? Por que esses exemplos? O que procura neles e como os trata? A primeira interrogação, como se viu, implica uma segunda: como pensar o lugar de Freud na história da arte? Não apenas o lugar do Freud "analista da arte", mas do Freud cientista, médico da *psyche*, intérprete de suas formações e perturbações? A "história da arte" assim entendida é algo totalmente distinto da sucessão de obras e escolas. É a história dos regimes de pensamento da arte, entendendo-se por regimes de pensamento da arte um modo específico de conexão entre as práticas e um modo de visibilidade e de pensabilidade dessas práticas, isto é, em última análise, uma ideia do próprio pensamento.[15] Assim, a dupla questão pode ser reformulada da seguinte maneira: o que Freud procura e encontra na análise das obras ou dos pensamentos dos artistas? Que ligação a ideia do pensamento inconsciente, investida nessas análises, mantém com a ideia que define um regime histórico, o regime estético da arte?

Essas perguntas podem ser colocadas a partir de duas referências teóricas. A primeira é declarada pelo próprio Freud, a segunda se extrai das obras e dos personagens que sua análise privilegia. Freud afirma, como vimos, uma aliança objetiva entre o psicanalista e o ar-

---

[15] Quanto a este ponto, permito-me remeter ao meu livro *Le partage du sensible: esthétique et politique*, Paris, La Fabrique, 2000 [ed. bras.: *A partilha do sensível: estética e política*, São Paulo, EXO/Editora 34, 2005].

tista, e mais particularmente entre o psicanalista e o poeta. "Os poetas e romancistas são preciosos aliados", afirma o início de *Delírios e sonhos na* Gradiva *de Jensen*.[16] Em matéria de *psyche*, de conhecimento das formações singulares do psiquismo humano e de seus mecanismos ocultos, o saber deles está mais avançado que o dos cientistas. Eles sabem coisas que os cientistas ignoram, pois conhecem a importância e a racionalidade própria desse componente fantasmático que a ciência positiva remete ao nada das quimeras ou às causas físicas e fisiológicas simples. São portanto aliados do psicanalista, esse cientista que declara a igual importância de todas as manifestações do espírito e a racionalidade profunda de suas "fantasias", aberrações e contrassensos. Ressaltemos esse ponto importante, às vezes subestimado: a abordagem freudiana da arte em nada é motivada pela vontade de desmistificar as sublimidades da poesia e da arte, direcionando-as à economia sexual das pulsões. Não responde ao desejo de exibir o segredinho — bobo ou sujo — por trás do grande mito da criação. Antes, Freud solicita à arte e à poesia que testemunhem positivamente em favor da racionalidade profunda da "fantasia", que apoiem uma ciência que pretende, de certa forma, repor a poe-

---

[16] Sigmund Freud, *Délire et rêves dans la* Gradiva *de Jensen* [1907], tradução de Marie Bonaparte, Paris, Gallimard, 1949, p. 109 [ed. bras.: *Delírios e sonhos na* Gradiva *de Jensen, in op. cit.*, vol. IX, pp. 15-88].

sia e a mitologia no âmago da racionalidade científica. É por isso que a declaração é seguida de imediato por uma ressalva: os poetas e romancistas são apenas meio-aliados, pois não deram atenção suficiente à racionalidade dos sonhos e das fantasias. Não tomaram partido, de forma clara o bastante, em favor do valor significativo das fantasias cujos movimentos eles representaram.

A segunda referência é tirada das figuras exemplares escolhidas por Freud. Algumas são emprestadas à literatura contemporânea, ao drama naturalista do destino à maneira de Ibsen, ou às fantasias, como as de Jensen ou de Popper-Lynkeus, herdeiros de uma tradição que, passando por Hoffmann, remonta a Jean-Paul e a Tieck. Mas essas obras contemporâneas estão à sombra de alguns grandes modelos. Há as duas grandes encarnações da Renascença: Michelangelo, o demiurgo sombrio de criações colossais, e Leonardo da Vinci, o artista/cientista/inventor, o homem dos grandes sonhos e grandes projetos dos quais nos restaram apenas algumas obras, que são como as diversas figuras de um mesmo enigma. E há os dois heróis românticos da tragédia: Édipo, a testemunha de uma antiguidade selvagem oposta à antiguidade polida da tragédia francesa, e de um *pathos* do pensamento oposto à lógica representativa de ordenamento da ação, bem como à sua distribuição harmônica do visível e do dizível; e Hamlet, o herói moderno de um pensamento que não age ou antes de um pensamento que age por sua própria inércia. Há, em suma, o herói da antiguidade selvagem, a de Hölderlin ou de Nietzsche, e os heróis da Renascença selvagem, a de Shakespeare mas também de Burckhardt e Taine, oposta à ordem clássica. A ordem clássica, como vimos, não é apenas a etiqueta de uma arte cortesã à francesa. É propriamente o regime representativo da arte, esse regime que encontra suas legitimações teóricas primeiras na elaboração aristotélica da *mimesis*, seu emblema na tragédia clássica francesa, e sua sistematização nos grandes tratados franceses do século XVIII, de Batteux a La Harpe, passando pelos *Commentaires sur Corneille* de Voltaire. No cerne desse regime, havia certa ideia do poema como disposição ordenada de ações, tendendo para sua resolução através do confronto de personagens que perseguiam fins conflitantes e que manifestavam em sua fala suas vontades e sentimentos segundo todo um sistema de conveniências. Tal sistema mantinha o saber sob o domínio da história e o visível sob o domínio da palavra, numa relação de contenção mútua do visível e do dizível. É essa ordem que vem romper o Édipo romântico, o herói de um pensamento que não sabe o que sabe, quer o que não quer, age padecendo e fala por seu mutismo. Se Édipo — arrastando atrás de si o cortejo dos grandes heróis edipianos — está no centro da elaboração freudiana, é porque ele é o emblema desse regime da arte que identifica as coisas da arte como coisas do pensamento, enquanto testemunhos de um pensamento imanente a seu outro e habitado por seu outro, escrito em toda parte na linguagem dos signos sensíveis e dissimulado em seu âmago obscuro.

5.
As correções de Freud

Há portanto, de um lado, o apelo aos artistas, de outro, a dependência objetiva em relação às pressuposições de um determinado regime da arte. Falta pensar a especificidade da conexão entre eles, a especificidade da intervenção de Freud com relação ao inconsciente estético. Seu principal interesse, como disse, não é estabelecer uma etiologia sexual dos fenômenos da arte. É intervir na ideia do pensamento inconsciente que normatiza as produções do regime estético da arte, é pôr ordem na maneira como a arte e o pensamento da arte jogam com as relações do saber e do não-saber, do sentido e do sem-sentido, do *logos* e do *pathos*, do real e do fantástico. Com suas intervenções, Freud procura, em primeiro lugar, afastar certa interpretação dessas relações, aquela que joga com a ambiguidade do real e do fantástico, do sentido e do sem-sentido, para conduzir o pensamento da arte e a interpretação das manifestações da "fantasia" a uma palavra última que é pura afirmação do *pathos*, do sem-sentido bruto da vida. Ele quer fazer triunfar uma vocação hermenêutica e elucidativa da arte sobre uma entropia niilista inerente à configuração estética da arte.

Para compreender isso, é preciso colocar lado a lado duas afirmações liminares de Freud. Tiro a primeira do início de "O *Moisés* de Michelangelo". Freud não se interessa, diz ele, pelas obras de arte do ponto de vista da forma. Ele se interessa pelo "fundo": pela intenção que aí se exprime e pelo conteúdo que aí se revela.[17] A segunda é a reprimenda feita aos poetas, no início da *Gradiva*, sobre sua ambiguidade no que concerne ao significado das "fantasias" da mente. É preciso relacionar essas duas declarações para que se compreenda a tomada de partido declarada de Freud unicamente pelo "conteúdo" das obras. Sabe-se que em geral ele conduz essa busca pelo conteúdo rumo à descoberta da lembrança recalcada e, em última instância, rumo ao ponto de partida que é angústia infantil da castração. Essa designação da causa última se dá geralmente pela mediação do fantasma organizador, da formação de compromisso que permite à libido do artista, mais ou menos representado por seu herói, escapar ao recalque e se sublimar na obra, ao preço de nela inscrever seu enigma. Essa tomada de partido

---

[17] Sigmund Freud, "Le *Moïse* de Michel-Ange" [1914], *in Essais de psychanalyse appliquée*, Paris, Gallimard, coleção Idées, 1971, p. 9 [ed. bras.: "O *Moisés* de Michelangelo", *in op. cit.*, vol. XIII, pp. 213-42].

vigorosa tem uma consequência singular, que o próprio Freud é levado a observar: a saber, a biografização da ficção. Freud interpreta os sonhos fantasiosos ou os pesadelos do Norbert Hanold, de Jensen, do estudante Nathanael, de Hoffmann, ou de Rebecca West, de Ibsen, como dados patológicos efetivos de personagens reais, de quem o escritor teria sido o analista mais ou menos lúcido. O exemplo limite disso é dado em uma nota de "O estranho" sobre "O homem de areia", na qual Freud apresenta a prova de que o óptico Coppola e o advogado Coppelius são mesmo uma única pessoa, no caso, o Pai castrador. Ele restabelece, assim, a etiologia do caso Nathanael, etiologia que Hoffmann, o médico de fantasia, teria embaralhado, mas não o suficiente para ocultá-la de seu colega cientista, pois "a fantasia do poeta não misturou os elementos do material a tal ponto de intrincamento que não se possa restaurar sua ordem original".[18] Existe, portanto, uma ordem original do "caso Nathanael". Por trás daquilo que o escritor oferece como obra de sua livre fantasia, é preciso reconhecer a lógica do fantasma e a angústia primordial nele travestida: a angústia de castração do pequeno Nathanael, expressão do drama familiar vivido pelo próprio Hoffmann quando criança.

---

[18] Sigmund Freud, "L'inquiétant" [1919], *in Oeuvres complètes*, Paris, PUF, 1996, t. XV, p. 165 [ed. bras.: "O estranho", *in op. cit.*, vol. XVII, pp. 233-69].

O mesmo procedimento percorre o livro sobre *Gradiva*. Por trás do "dado arbitrário" e da história fantasiosa do jovem apaixonado por uma figura de pedra e de sonho, a ponto de só conseguir enxergar a mulher real como aparição fantasmática dessa figura antiga, Freud trata de restabelecer a verdadeira etiologia do caso Norbert Hanold: um recalque e um deslocamento da atração sexual do adolescente pela jovem Zoé. Essa correção não só o obriga a fundar seu raciocínio num dado problemático da existência "real" de uma criatura de ficção, como também acarreta um modo de interpretação dos sonhos que pode parecer ingênuo à própria luz dos princípios do Freud cientista. A mensagem oculta se obtém de fato pela simples tradução da figura onírica em seu equivalente real: *te interessas pela Gradiva porque, na realidade, é Zoé que te interessa*. Tal atalho da interpretação mostra que há mais nesse caso do que uma simples redução do dado ficcional a uma síndrome clínica. Freud põe em dúvida aquilo mesmo que poderia tornar a síndrome interessante para o médico, ou seja, o diagnóstico de um caso de erotomania fetichista. Ele negligencia igualmente aquilo que deveria interessar ao cientista preocupado em relacionar a clínica à história dos mitos, ou seja, a longa história do mito do homem apaixonado por uma imagem e que sonha com a possessão real dessa imagem, mito do qual Pigmalião é a figura exemplar. Uma única coisa parece interessá-lo: restabelecer na história uma boa intriga causal, mesmo que tenha de remeter a esse dado inencontrável que é a infância de Norbert Hanold. Muito mais do que oferecer a boa explicação do caso Hanold, Freud está preocupado em refutar o estatuto que o livro de Jensen confere às "invenções" da literatura. Sua refutação diz respeito a dois pontos fundamentais e complementares: primeiro, a afirmação do autor segundo a qual os *fantasmas* que descreve são as únicas invenções de sua *fantasia* inventiva; em seguida, a moral que ele confere a sua história: o simples triunfo da "vida real", em carne e osso e em bom alemão, que se ri, pela voz de seu homônimo Zoé, da loucura do cientista Norbert e opõe sua simples e alegre perpetuidade aos devaneios ideais. A reivindicação, pelo autor, de sua fantasia forma evidentemente um sistema com a denúncia dos devaneios de seu herói. E esse sistema poderia se resumir num termo freudiano: dessublimação. Se existe dessublimação nesse caso, ela é obra do romancista, não do psicanalista, e coincide com sua "falta de seriedade" perante o fato fantasmático.

Por trás da "redução" do dado ficcional a uma inencontrável "realidade" patológica e sexual, há um questionamento polêmico que visa uma primeira confusão do ficcional e do real: a que fundamenta a prática e o discurso do romancista. Ao reivindicar o fantasma como produto de sua fantasia e refutar, através do princípio de realidade, o devaneio de seu personagem, o romancista se outorga a facilidade de circular, segundo lhe convém, por ambos os lados da fronteira entre realidade e ficção. A tal equivocidade, Freud trata, em primeiro lugar, de contrapor uma univocidade da história. O ponto importante, e que justifica todos os atalhos da interpretação, é a identificação da intriga amorosa a um esquema de racionalidade causal. Não é a causa última — o inverificável recalque remetendo à infância inencontrável de Norbert — que interessa a Freud, mas o próprio encadeamento causal. Que a história seja real ou fictícia, pouco importa. O essencial é que ela seja unívoca, que oponha à indiscernibilidade romântica e reversível do imaginário e do real uma disposição aristotélica de ações e saberes direcionada para o acontecimento maior de um reconhecimento.

6.
Dos diversos usos do detalhe

A partir daí, a relação da interpretação freudiana com a revolução estética começa a se complicar. A psicanálise é possível na base de um regime da arte que destitui as intrigas ordenadas da idade representativa e, novamente, dá lugar ao *pathos* do saber. Mas Freud opera uma escolha bem determinada na configuração do inconsciente estético. Ele privilegia a primeira forma da palavra muda, a do sintoma que é vestígio de uma história. E a faz valer contra sua outra forma, a voz anônima da vida inconsciente e insensata. Essa oposição o leva a puxar para trás, na direção da velha lógica representativa, as figuras românticas da equivalência do *logos* e do *pathos*. O exemplo mais marcante é dado pelo texto sobre o *Moisés* de Michelangelo. O objeto dessa análise é de fato singular. Freud não nos fala aí, como no texto sobre Leonardo, de um fantasma identificado em uma nota. Fala de uma escultura que nos diz ter ido rever várias vezes. E estabelece uma adequação exemplar entre a atenção visual ao detalhe da obra e a prerrogativa psicanalítica dos detalhes "insignificantes". Como se sabe, isso passa por uma referência que nutriu muitos comentários, a referência a Morelli/Lermolieff, o médico especialista em obras de arte, inventor de um método parajudiciário de identificação das obras a partir dos detalhes ínfimos e inimitáveis que revelam a mão do artista. Um método de leitura das obras é, assim, identificado a um paradigma de investigação das causas. Mas esse método do detalhe, por sua vez, pode ser praticado de duas maneiras, que correspondem às duas grandes formas do inconsciente estético. De um lado, há o modelo do rastro que fala, no qual se lê a inscrição sedimentada de uma história. Num texto famoso, Carlo Ginzburg mostrou como, através do "método Morelli", a interpretação freudiana se inscrevia no grande paradigma indiciário que procura reconstituir um processo a partir de seus rastros ou sinais.[19] Mas há também o outro modelo, que vê no detalhe "insignificante" não mais o rastro que permite reconstituir um processo, mas a marca direta de uma verdade inarticulável, que se imprime na superfície da obra e desarma toda lógica de história bem-composta, de composição racional dos elementos. É esse segundo mo-

---

[19] Carlo Ginzburg, "Traces: racines d'un paradigme indiciaire", *in Mythes, emblèmes, traces*, Paris, Flammarion, 1989, pp. 139-80 [ed. bras.: "Sinais: raízes de um paradigma indiciário", *in Mitos, emblemas, sinais: morfologia e história*, tradução de Federico Carotti, São Paulo, Companhia das Letras, 1989.

delo de análise do detalhe que será reivindicado mais tarde por historiadores da arte para se opor à prerrogativa concedida por Panofsky à análise do quadro a partir da história que ele representa ou do texto que ilustra. E essa polêmica, alimentada ontem por Louis Marin e hoje por Georges Didi-Huberman, se reporta a Freud, ao Freud inspirado por Morelli para fundar um modo de leitura da verdade da pintura no detalhe da obra: uma insignificante coluna quebrada em *A tempestade* de Giorgione ou as manchas de cor imitando o mármore na parte inferior da *Madona das sombras*, de Fra Angelico.[20] O detalhe funciona, assim, como objeto parcial, fragmento inacomodável que desfaz a ordenação da representação para dar lugar à verdade inconsciente que não é a de uma história individual, mas que é oposição de uma ordem a outra: o *figural* sob o *figurativo*, ou o *visual* sob o *visível* representado. Ora, no que lhe diz respeito, Freud nada tem a ver com essa contribuição a uma leitura da pintura e de seu inconsciente, que hoje se reivindica da psicanálise. Tampouco com todas essas cabeças de Medusa, representantes da castração, que tantos comentadores contemporâneos se esmeram para desencavar em cada cabeça de Holofernes ou de João Batista, em tal detalhe da

---

[20] Louis Marin, *De la représentation*, Paris, Gallimard/Seuil, 1994, e Georges Didi-Huberman, *Devant l'image*, Paris, Minuit, 1990.

cabeleira de Ginevra de Benci ou em tal representação de turbilhão desenhado nos cadernos de Leonardo.

É claro que essa psicanálise de Da Vinci, praticada sobretudo por Louis Marin, não é a de Freud. Parece ser outra coisa que o interessa no privilégio dado ao detalhe, uma outra verdade da figura pintada ou esculpida, aquela da história de um tema [*sujet*], de um sintoma, de um fantasma singulares. Freud busca o fantasma matricial da criação do artista e não a ordem figural inconsciente da arte. Ora, o exemplo do *Moisés* vai de encontro a essa explicação simples. Sem dúvida é a estátua que o interessa. Mas o princípio desse interesse é surpreendente. A longa análise do detalhe da posição das mãos e da barba, com efeito, não revela nenhum segredo de infância, nenhum ciframento do pensamento inconsciente. Ela remete à mais clássica das questões: qual é exatamente o momento do episódio bíblico representado pela estátua de Michelangelo? Será mesmo o da fúria de Moisés? Estará ele realmente prestes a deixar cair no chão as Tábuas da Lei? Freud está o mais distante possível das análises de Louis Marin. Poder-se-ia mesmo dizer que, no debate entre Worringer, o qual procura identificar ordens visuais distintas, remetidas a traços psicológicos dominantes, e Panofsky, que submete a identificação das formas à dos temas e episódios representados, Freud se posiciona *de facto* ao lado de Panofsky. E, mais profundamente, sua atenção ao detalhe remete à lógica da ordem representativa na qual a forma plástica era a imitação de uma ação narrada e o tema específico do quadro se confundia com a representação do momento pregnante da ação, aquele em que se concentravam seu movimento e sua significação. Esse momento de pregnância, Freud o deduz da posição da mão direita e das Tábuas. Não é aquele em que Moisés, indignado, se prepara para atirar-se contra os idólatras. É o da cólera dominada, quando a mão abandona a barba que antes segurava e agarra firmemente as Tábuas. Sabe-se que esse momento não se encontra no texto bíblico. Freud o acrescenta em nome de uma interpretação racionalista na qual o homem, senhor de si, se impõe ao servo do Deus ciumento. A atenção ao detalhe serve finalmente para identificar a posição de Moisés como testemunho de um triunfo da vontade. O *Moisés* de Michelangelo interpretado por Freud é algo como o *Laocoonte* de Winckelmann, a expressão de uma serenidade clássica vitoriosa sobre o afeto. E, no caso de Moisés, é o *pathos* religioso que é vencido pela razão. Moisés é o herói do afeto vencido, reconduzido à ordem. Pouco importa saber, como quer certa tradição, se foi sua própria atitude em relação a seus discípulos rebeldes que o patriarca da psicanálise teria assim estatuado por delegação no mármore romano. Muito mais do que um autorretrato de circunstância, esse Moisés reproduz uma cena clássica da era representativa: o triunfo da vontade e da consciência encarnadas na cena trágica, na *opera se-*

ria ou nos quadros de temas históricos, por algum herói romano tornado senhor de si como do universo: Brutus ou Augusto, Cipião ou Titus. E mais que aos idólatras e aos dissidentes, esse Moisés, encarnação da consciência vitoriosa, se opõe aos homens sem obra, às vítimas do fantasma não elucidado. E naturalmente se pensa no *alter ego* lendário de Michelangelo, Leonardo da Vinci, o homem dos cadernos e dos croquis, o inventor de mil projetos não realizados, o pintor que não chega a individualizar as figuras e pinta sempre o mesmo sorriso, em suma, o homem preso a seu fantasma, fixado numa ligação homossexual em relação ao Pai.

7.
Uma medicina contra outra

Mas a esse Moisés clássico pode-se também contrapor uma outra "figura de pedra": o baixo-relevo de *Gradiva*. Para Freud, a semelhança entre o movimento da figura de pedra e o da jovem viva seria — com o encontro de Zoé em Pompeia — o único elemento "inventado" e "arbitrário" na apresentação do caso Norbert Hanold.[21] Eu diria bem o contrário. Essa jovem virgem romana, cujo andar desenvolto é feito de voo suspenso e apoio firme sobre o solo, essa expressão de vida ativa e de repouso tranquilo em si é tudo menos uma invenção arbitrária saída do cérebro de Wilhelm Jensen. Pelo contrário, reconhece-se aí a figura tantas vezes celebrada desde Schiller ou Byron, Hölderlin ou Hegel: o andar da *kóre*, lembrança de frisa das Panateneias ou de urna grega, figura em torno da qual toda uma época sonhou uma nova ideia de comunidade sensível, uma vida idên-

---

[21] *Delírios e sonhos na* Gradiva *de Jensen, op. cit.*

tica à arte, uma arte idêntica à vida. Mais do que um jovem cientista extravagante, Norbert Hanold é uma das inúmeras vítimas, trágicas ou cômicas, de certo fantasma teórico: a vida vibrante da estátua, da dobra da túnica ou do andar livre, em que se via encarnado um mundo ideal da comunidade viva. O "fantasista" Jensen simplesmente se diverte confrontando essa "vida" imaginada da pedra antiga e da comunidade futura com a trivialidade da vida pequeno-burguesa: os vizinhos, os canários nas janelas e os passantes na rua. O apaixonado pela vida encarnada na pedra se vê chamado à vida da vizinha brejeira e prosaica e ao trivial das viagens de núpcias pequeno-burguesas na Itália. É isso que Freud recusa ao contrapor sua própria interpretação ao tratamento de Zoé: essa liquidação simples do sonho que se opõe à *katharsis* do afeto. Ele denuncia a cumplicidade entre a posição do fantasista e certo fim prosaico do sonho. Essa denúncia não é novidade. E pode-se aqui evocar as páginas de Hegel que denunciam, nos *Cursos de estética*, o arbitrário da fantasia de Jean-Paul ou de Tieck, e sua solidariedade última com o filisteísmo da vida burguesa. Nos dois casos se vê denunciar, no "fantasista", um determinado uso do espírito, do *Witz* romântico. Mas, nessa proximidade, opera-se uma reviravolta essencial. À frivolidade subjetiva do *Witz*, Hegel opõe a realidade substancial do espírito. Freud censura ao fantasista desconhecer a substancialidade dos jogos do *Witz*. Hegel empenha-se a princípio em recusar uma figura vazia da "livre" subjetividade, reduzida à sua autoafirmação repetitiva. Freud, confrontado aos novos desdobramentos do inconsciente estético, põe em causa prioritariamente uma ideia da objetividade que se resume à ideia de "sabedoria da vida". Na sorridente Zoé Bertgang e no "fantasista" Wilhelm Jensen, essa sabedoria assume uma figura bastante anódina. Mas o mesmo não ocorre em outras "curas", em outros "fins de sonho" ilustrados pela "medicina" literária do final do século XIX. Pode-se pensar aqui em duas ficções exemplares, uma inventada por um filho de médico, a outra tendo um médico por herói. Trata-se, primeiro, do fim da *Educação sentimental*, a evocação da visita frustrada ao bordel da Turca, que permanece — na derrocada de suas esperanças ideais como de suas ambições positivas — o que Frédéric e Deslauriers tiveram de melhor. E, sem dúvida ainda mais significativo, o fim do *Doutor Pascal* de Zola, que é também a conclusão e a moral de todo o ciclo dos Rougon-Macquart. Essa moral é no mínimo singular, já que *O doutor Pascal* narra o amor incestuoso do velho doutor, que é também historiógrafo da família, por sua sobrinha Clotilde. O final do livro nos mostra Clotilde, após a morte de Pascal, amamentando, no antigo gabinete de trabalho transformado em quarto de bebê, o filho do incesto que, inconsciente de qualquer tabu cultural, ergue seu pequeno punho, não a algum futuro radiante, mas simplesmente à força cega e bruta da vida que assegura sua perpetuidade. Esse triunfo da vida, afirmado por um incesto banalizado e até regenerador, é, em suma, a versão "séria" e escandalosa da fantasia leviana de Jensen. Essa moral representa o que Freud recusa, o "mau" incesto, mau não porque ofende a moral, mas porque desconecta o dado incestuoso de toda boa intriga de causalidade — e de culpabilidade —, de toda lógica de saber libertador.

Não sei se Freud leu *O doutor Pascal*. Em compensação, leu de perto um contemporâneo de Zola, autor de histórias exemplares de perturbações da alma e de segredos da infância, de tratamentos, confissões e curas. Falo de Ibsen e penso aqui na análise que Freud faz de sua peça *Rosmersholm* no artigo intitulado "Alguns tipos de caráter encontrados no trabalho psicanalítico". Esse texto analisa alguns tipos paradoxais que se opõem à racionalidade do tratamento psicanalítico: uns porque se recusam a renunciar a uma satisfação e a submeter o princípio de prazer ao princípio de realidade; outros, ao contrário, porque se esquivam diante do próprio sucesso, recusam uma satisfação no momento mesmo em que podem enfim obtê-la, em que ela não está mais marcada pelo selo da impossibilidade ou da transgressão. Tais são a jovem que por tanto tempo confabulou para ser desposada ou o professor às vésperas de finalmente conquistar a cátedra pela qual fez tantas intrigas, e que se esquivam diante do sucesso de seus empreendimentos. É que, julga Freud, o sucesso ofertado provoca a invasão de um incontrolável sentimento de culpa. E é aí que intervêm os exemplos tirados de duas peças exemplares: *Macbeth*, sem dúvida, mas também *Rosmersholm*. Como a peça de Ibsen é menos conhecida que a de Shakespeare, convém relembrar seu enredo. Ela tem por cenário uma velha mansão situada nos confins de uma pequena cidade da Noruega, recôndita no fundo de um fiorde. Nessa mansão, isolada por uma passarela erguida sobre águas turbulentas, vive o antigo pastor Rosmer, herdeiro de uma extensa família de dignitários e cuja mulher, vítima de distúrbios mentais, se jogou no mar um ano antes. Na mesma casa vive a governanta Rebecca, que ali se empregara após a morte de seu padrasto, o doutor West. Este, adepto do livre-pensamento, havia educado Rebecca depois da morte da mãe, convertendo-a às suas ideias liberais. A convivência de Rosmer e da moça tem uma dupla consequência: por um lado, a conversão do ex-pastor às ideias liberais, que ele acaba assumindo, para grande escândalo de seu cunhado, Kroll, diretor de escola e chefe local do partido da ordem. Por outro, a transformação de sua comunhão intelectual com Rebecca em sentimento amoroso. Ele a pede em casamento. Mas Rebecca, após um primeiro movimento de alegria, declara que é impossível. Nisso, o diretor Kroll vem revelar ao cunhado que sua irmã fora induzida ao suicídio e, a Rebecca, que seu nascimento é ilegítimo: ela é, de fato, a filha natural de seu "padrasto". Rebecca se recusa energicamente a acreditar. Confessa, ao contrário, que foi ela quem insinuou à defunta as ideias que a levaram ao suicídio. Depois disso, prepara-se para deixar a casa quando Rosmer lhe roga, pela segunda vez, que se torne sua esposa. Mas ela recusa novamente. Ela já não é, diz, a jovem sequiosa por sucesso que havia se instalado na casa e que, aos poucos, afastara a esposa que constituía um obstáculo. Se Rosmer, na convivência com ela, tinha se convertido ao livre-pensamento, ela, por sua vez, havia enobrecido pelo contato com ele. Ela não pode mais gozar do sucesso obtido.

É nesse ponto que Freud faz sua intervenção que, mais uma vez, visa corrigir as explicações do autor e restabelecer a verdadeira etiologia do caso. A razão moral alegada por Rebecca é, diz ele, um simples véu. A própria moça indica uma razão mais sólida: ela tem um "passado". E compreende-se facilmente o que é esse passado quando se analisa sua reação às revelações sobre seu nascimento. Se ela se recusa com tanta ênfase a admitir que é filha de West e se essa revelação tem como consequência a confissão de suas manobras criminosas, é porque foi amante do pretenso padrasto. É o incesto reconhecido que desencadeia o sentimento de culpa. É ele que se opõe ao êxito de Rebecca, e não sua conversão moral. Para compreender sua conduta, é preciso restabelecer essa verdade que a peça não diz, que não podia dizer, senão por vagas alusões.[22]

Contudo, ao opor assim a "verdadeira" razão oculta à razão "moralizante" declarada pela heroína, Freud esquece aquilo que, para Ibsen, dá seu sentido último à conduta de Rebecca. Ele esquece o fim da peça, que não concerne nem à conversão moralizante, nem ao abatimento sob o peso da culpa. Com efeito, a transformação de Rebecca se situa para além do bem e do mal. Ela se traduz não pela conversão à boa moral, mas pela impossibilidade de agir, impossibilidade de querer. O fim da história, para Rebecca que não quer mais agir, e para Rosmer que não quer mais saber, é uma união mística de um tipo particular. Com efeito, eles se unem para tomar alegremente o caminho da passarela e se afogar juntos nas ondas. União derradeira do saber e do não--saber, do agir e do padecer, conforme à lógica do inconsciente estético. O verdadeiro tratamento, a verdadeira cura é a renúncia schopenhaueriana ao querer-viver, o abandono no mar original do não-querer, "volúpia suprema" na qual havia sucumbido a Isolda de

---

[22] Sigmund Freud, "Quelques types de caractères dégagés par le travail psychanalytique" [1916], *in Oeuvres complètes*, Paris, PUF, 1996, t. XV, p. 36 [ed. bras.: "Alguns tipos de caráter encontrados no trabalho psicanalítico", *in op. cit.*, vol. XIV, pp. 321-48].

Wagner, e que o jovem Nietzsche assimilara ao triunfo do novo Dionísio.

É essa volúpia que Freud recusa. É contra ela que ele faz valer a boa intriga causal, a racionalidade do sentimento de culpa liberado pelo tratamento do diretor Kroll. Ele não se opõe à explicação moralizante, mas a essa "inocência" do mergulho no mar original. Ainda aqui se manifesta a ambiguidade de sua relação com o inconsciente estético: diante desse niilismo, dessa identidade radical do *pathos* e do *logos* que se constata no tempo de Ibsen, de Strindberg e do wagnerianismo, a verdade última e a "moral" do inconsciente estético, ele retoma, em suma, a posição de Corneille e de Voltaire perante o furor edipiano. Procura restabelecer, contra esse *pathos,* um bom encadeamento causal e uma virtude positiva do efeito de saber. A força desse argumento pode ser sentida em uma outra referência, mais breve, a outro drama "psicanalítico" de Ibsen, *A dama do mar,* em que a esposa do doutor Wangel é perseguida pelo irresistível chamado do mar. Quando seu marido a deixa livre para seguir o marinheiro que está de passagem, no qual ela reconhece a encarnação desse apelo, Ellida renuncia. Assim como Rebecca se declarava transformada por Rosmer, ela se declara liberada pela escolha que o marido lhe concedeu. Já que pode escolher, ela ficará com ele. Ora, dessa vez, a relação entre as razões do autor e as do intérprete se apresenta invertida. Freud efetivamente confirma a interpretação da personagem e nela enxerga o sucesso do "tratamento" conduzido pelo doutor Wangel. Ibsen, por sua vez, reduz essa liberdade ao estatuto de ilusão nas notas preparatórias que resumem a história em termos decididamente schopenhauerianos:

> "A vida aparentemente é alegre, fácil e plena de vivacidade lá em cima, à sombra dos fiordes e na uniformidade do isolamento. No entanto, exprime-se a ideia de que esse tipo de vida é uma sombra de vida. Nenhum vigor de ação; nenhuma luta pela libertação. Nada além de aspirações e promessas. Assim se vive lá durante o curto e claro verão. E em seguida... penetra-se nas trevas. Então desperta o vivo desejo da grande vida do mundo exterior. Mas o que se ganha com isso? Dependendo das situações, dependendo do desenvolvimento do espírito, aumentam as exigências, as aspirações, as promessas [...] Limites por toda parte. Daí a melancolia espraiada como um canto lamurioso abafado por toda a existência e na conduta das pessoas. Um claro dia de verão seguido por grandes trevas... eis tudo [...] Força de atração do mar. Aspiração pelo mar. Pessoas aparentadas ao mar. Ligadas a ele. Dependentes do mar. Devem retornar a ele [...]

O grande segredo é a dependência do homem em relação às 'forças sem vontade'."[23]

Assim, o ciclo das estações no Norte é identificado ao esvanecimento das ilusões da representação no nada da vontade que nada quer. A essa moral da intriga, Freud, dessa vez, opõe aquela declarada pelo doutor Wangel e a dama do mar.

Dir-se-á tratar-se, nesse caso, de uma questão da época. Mas essa "questão de época" nada tem de circunstancial. Não se trata apenas do combate contra uma ideologia presente na atmosfera da época — uma época, de resto, já um tanto ultrapassada quando Freud escreve esses textos. Trata-se propriamente do combate entre dois inconscientes, entre duas ideias daquilo que está por debaixo da superfície polida das sociedades, duas ideias de doença e de cura das civilizações. Já que estamos falando de época, sejamos precisos. O "*Moisés* de Michelangelo" é de 1914, "O estranho", de 1915, assim como o texto sobre Ibsen. Não estamos muito longe de *Além do princípio de prazer*, que marcará uma reviravolta na obra de Freud, fazendo intervir a pulsão de morte. Sabe-se como Freud explica essa reviravolta de seu pensa-

---

[23] Henrik Ibsen, *La dame de la mer, in Oeuvres complètes*, Paris, Plon, 1943, t. XIV, pp. 244-5.

mento. A afirmação da pulsão de morte se deduz do estudo da problemática "neurose traumática". Mas seu reconhecimento está também ligado ao golpe infligido pela guerra de 1914 à visão otimista que havia norteado a primeira fase da psicanálise e a simples oposição do princípio de prazer ao princípio de realidade. No entanto, é legítimo pensar que essa explicação não esgota por completo o sentido do acontecimento. A descoberta da pulsão de morte é também um episódio da longa confrontação — mais ou menos encoberta — de Freud com o grande tema obsedante da época em que a psicanálise se formou: com o inconsciente da coisa em si schopenhaueriana e com as grandes ficções literárias do retorno a esse inconsciente. Que os instintos conservadores da vida definitivamente conservam na vida a direção rumo a "sua" morte e que os "guardiões da vida" são, assim, os "lacaios da morte", é de fato o segredo último de todo grande romance das ilusões da vontade, em que se resume a literatura de todo um século, a literatura da idade estética. Foi com esse segredo que Freud não cessou de se debater. E é justamente a interpretação do "princípio de realidade" que está no cerne das correções feitas por Freud nas intrigas de Jensen, Hoffmann ou Ibsen. É a confrontação com a lógica do inconsciente estético que o leva a restabelecer a boa etiologia do caso Hanold ou do caso Nathanael e o bom fim de *Rosmersholm*, mas também a boa atitude de Moisés, a da calma, da razão que se sobrepõe ao *pathos* sagrado. Tudo se passa como se essas análises fossem meios de resistir à entropia niilista que Freud detecta e recusa nas obras do regime estético da arte, e à qual, todavia, ele dará um lugar na teorização da pulsão de morte.

Pode-se, assim, compreender a relação paradoxal entre as análises estéticas de Freud e aquelas que, mais tarde, farão referência a ele. Estas tratarão de refutar o biografismo freudiano e sua indiferença à "forma" artística. É nas particularidades do toque pictural, refutando silenciosamente a anedota figurativa, ou nas "gagueiras" do texto literário, marcando a ação de uma "outra língua" na língua, que eles buscarão a eficácia do inconsciente, concebido como a marca de uma verdade inominável ou o choque de uma potência do Outro, excedendo em seu princípio toda apresentação sensível adequada. No início de "*Moisés*", Freud evoca o choque provocado pelas grandes obras e a confusão que pode tomar conta do pensamento diante do enigma desse choque. "Não teria mesmo algum esteta considerado tal desamparo de nossa inteligência como condição necessária dos maiores efeitos que uma obra de arte é capaz de produzir? Contudo, eu teria dificuldades em acreditar em semelhante condição."[24] O motor das análises de Freud,

---

[24] *Essais de psychanalyse appliquée, op. cit.*, p. 10.

a razão do privilégio que ele concede à intriga biográfica, seja a da ficção, seja a do artista, se encontra aí: ele se recusa a atribuir a potência da pintura, da escultura ou da literatura a esse desamparo. Para vencer a tese do esteta hipotético, ele está pronto a refazer qualquer história e até mesmo reescrever, quando preciso, o texto sagrado. Ora, esse esteta, para Freud hipotético, é hoje em dia uma figura bem presente no campo do pensamento estético e, em geral, se refere a Freud para fundamentar a tese que ele pretendia refutar, a que associa a potência da obra a seu efeito de desamparo. Aqui, penso particularmente nas análises do último Lyotard, que elabora uma estética do sublime da qual Burke, Kant e Freud são os três pilares.[25] À "debilidade" estética, Lyotard opõe uma potência do toque pictural, concebido como potência de desapropriação. O sujeito é aí desarmado pela marca do *aistheton*, do sensível, que afeta a alma nua, confrontado a uma potência do Outro, que em última instância é a da face de Deus, que não pode ser mirada, a qual coloca o espectador na posição de Moisés diante da sarça ardente. À sublimação freudiana se opõe essa marca do sublime, que faz triunfar um *pathos* irredutível

---

[25] Cf., em particular, *L'inhumain*, Paris, Galilée, 1988, e *Moralités postmodernes*, Paris, Galilée, 1993 [ed. bras.: *Moralidades pós-modernas*, tradução de Marina Appenzeller, Campinas, Papirus, 1996].

a todo *logos*, um *pathos*, em última instância, identifica-do à potência mesma de Deus que chama Moisés.

A relação entre os dois inconscientes apresenta, portanto, uma singular permutabilidade. A psicanálise freudiana pressupõe essa revolução estética que revoga a ordem causal da representação clássica e identifica a potência da arte à identidade imediata dos contraditórios, do *logos* e do *pathos*. Ela pressupõe uma literatura que repousa sobre a dupla potência da palavra muda. Mas, nessa dualidade, Freud opera sua escolha. À entropia niilista inerente ao poder da palavra surda, ele opõe a outra forma da palavra muda, o hieróglifo entregue ao trabalho da interpretação e à esperança da cura. E, seguindo essa lógica, ele tende a assimilar a obra da "fantasia" e o trabalho de sua decifração à intriga clássica do reconhecimento que a revolução estética revogava. Assim, ele reconduz aos parâmetros do regime representativo da arte as figuras e intrigas que esse regime recusava e que apenas a revolução estética havia colocado à sua disposição. A esse retorno se opõe hoje um outro freudismo, que põe em causa o biografismo freudiano e se afirma mais respeitoso do próprio da arte. Este se apresenta como um freudismo mais radical, liberado das sequelas da tradição representativa e afinado com o novo regime da arte que lhe concede seu Édipo, o regime que iguala o ativo ao passivo, afirmando ao mesmo tempo a autonomia antirrepresentativa da arte *e* sua natureza profundamente heteronômica, seu valor de testemunho da ação das forças que ultrapassam o sujeito e o arrancam de si mesmo. E, para isso, apoia-se principalmente em *Além do princípio de prazer* e todos os textos dos anos 1920 e 1930, que marcam a distância entre o Freud corretor de Jensen, Ibsen ou Hoffmann, e o Freud admirador de um Moisés liberto da fúria sagrada. Mas, para tanto, precisa decidir-se, de maneira oposta, quanto à lógica contraditória do inconsciente estético, quanto à polaridade da palavra muda. Precisa valorizar a potência surda de uma palavra do Outro, irredutível a toda hermenêutica. Isto é, precisa reivindicar a entropia niilista, arriscando transformar a volúpia do retorno ao abismo original em relação sagrada com o Outro e com a Lei. Assim, esse freudismo executa, em torno da teoria freudiana, um movimento giratório que traz de volta, em nome de Freud e contra ele, o niilismo que suas análises estéticas não cessaram de combater. Esse giro se afirma como recusa da tradição estética.[26] Ele bem poderia ser, no entanto, a última peça pregada pelo inconsciente estético no inconsciente freudiano.

---

[26] Cf. em especial o texto "Anima Minima", que conclui as *Moralidades pós-modernas* de Jean-François Lyotard, *op. cit.*

Sobre o autor

Nascido em Argel, em 1940, Jacques Rancière é Professor Emérito de Estética e Política da Universidade de Paris VIII — Vincennes/Saint-Denis, onde lecionou de 1969 a 2000. Entre suas obras mais recentes, destacam-se *L'inconscient esthétique* (2001), *La fable cinématographique* (2001), *Le destin des images* (2003), *Les scènes du peuple* (2003), *Malaise dans l'esthétique* (2004), *La haine de la démocratie* (2005), *Le spectateur émancipé* (2008), *Moments politiques: interventions 1977-2009* (2009), *Aisthesis: scènes du régime esthétique de l'art* (2011) e *Le fil perdu* (2014).

Tem os seguintes livros publicados no Brasil: *A noite dos proletários* (Companhia das Letras, 1988), *Os nomes da história* (Educ/Pontes, 1994), *Políticas da escrita* (Editora 34, 1995), *O desentendimento* (Editora 34, 1996), *O mestre ignorante* (Autêntica, 2004), *A partilha do sensível* (Editora 34, 2005), *O inconsciente estético* (Editora 34, 2009), *O destino das imagens* (Contraponto, 2012), *As distâncias do cinema* (Contraponto, 2012), *O espectador emancipado* (WMF Martins Fontes, 2012), *A fábula cinematográfica* (Papirus, 2013), *O ódio à democracia* (Boitempo, 2014), *O fio perdido: ensaios sobre a ficção moderna* (Martins Fontes, 2017), *As margens da ficção* (Editora 34, 2021), *Tempos modernos: arte, tempo, política* (n-1 edições, 2021) e *Aisthesis* (Editora 34, 2021).

Este livro foi composto em Adobe Garamond e Imago
pela Bracher & Malta, com CTP da New Print e impressão da Graphium
em papel Pólen Bold 90 g/m^2 da Cia. Suzano de Papel e Celulose
para a Editora 34, em outubro de 2021.